Gerrit Horstmeier

Können angestellte Leitungsorgane von Gesellschaften ohne vorherige Abmahnung außerordentlich gekündigt werden?

GRIN Verlag

Bibliografische Information der Deutschen Nationalbibliothek:

Die Deutsche Bibliothek verzeichnet diese Publikation in der Deutschen National-
bibliografie; detaillierte bibliografische Daten sind im Internet über http://dnb.d-
nb.de/ abrufbar.

Impressum:

Copyright © 2005 GRIN Verlag GmbH
Druck und Bindung: Books on Demand GmbH, Norderstedt Germany
ISBN: 978-3-656-68770-2

Dieses Buch bei GRIN:

http://www.grin.com/de/e-book/275669/koennen-angestellte-leitungsorgane-von-
gesellschaften-ohne-vorherige-abmahnung

GRIN - Your knowledge has value

Der GRIN Verlag publiziert seit 1998 wissenschaftliche Arbeiten von Studenten, Hochschullehrern und anderen Akademikern als eBook und gedrucktes Buch. Die Verlagswebsite www.grin.com ist die ideale Plattform zur Veröffentlichung von Hausarbeiten, Abschlussarbeiten, wissenschaftlichen Aufsätzen, Dissertationen und Fachbüchern.

Können angestellte Leitungsorgane von Gesellschaften ohne vorherige Abmahnung außerordentlich gekündigt werden?*

Der Beitrag untersucht das Institut der Abmahnung, seine Tragweite für das gesamte Zivil- und Arbeitsrecht und leitet daraus die Bedeutung für die Anstellungsverträge von Geschäftsführern und Vorständen ab. Gilt der neue § 314 Abs. 2 BGB auch für die Anstellungsverträge von Leitungsorganen? Können Geschäftsführer weiterhin ohne vorherige Abmahnung außerordentlich gekündigt werden, wenn ihnen ein Pflichtenverstoß vorgeworfen wird?

I. Problemstellung

Die außerordentliche Kündigung ist für das Anstellungsrecht von Leitungsorganen von besonderer Bedeutung. Denn in der Praxis werden Geschäftsführer und Vorstände in der Regel nicht unbefristet, sondern mit befristeten Mehrjahresverträgen angestellt. Während der Laufzeit derartiger Verträge ist die außerordentliche Kündigung – abgesehen von einvernehmlichen Aufhebungsverträgen - also das einzige Mittel, den Anstellungsvertrag mit einem Organ einer Gesellschaft vorzeitig zu beenden. Die Hürden hierzu waren in der Vergangenheit wesentlich niedriger als im Arbeits- oder sonstigem Schuldrecht.

Ein wesentliches Element bei der Beurteilung, ob eine außerordentliche Kündigung wirksam ist, stellt die Frage nach der Erforderlichkeit einer vorherigen, vergeblichen Abmahnung dar. Nach der Schuldrechtsreform und der Einführung des § 314 Abs. 2 BGB hat sich darüber eine Kontroverse entwickelt, ob diese auch für die außerordentliche Kündigung von Leitungsorganen erforderlich sein soll[1].

II. Rechtliche Situation vor 2002

Für eine zutreffende Lösung dieses Problems ist ein Blick auf das Institut der Abmahnung im gesamten Zivil- und Arbeitsrecht vor und nach der Schuldrechtsreform erforderlich.

II. 1. Dauerschuldverhältnisse und Abmahnung

Für einige langfristige Vertragstypen sehen sondergesetzliche Regelungen die Möglichkeit zur außerordentlichen Kündigung ausdrücklich vor, vgl. §§ 490, 543, 569, 723 BGB, § 89 a HGB. Daraus hat die Rechtsprechung den Grundsatz entwickelt, dass alle

---

*von Gerrit Horstmeier, Professor für Wirtschaftsprivat- und Arbeitsrecht an der Fachhochschule Furtwangen, Leiter des Steinbeis Transferzentrums „Unternehmen & Führungskräfte"

[1] Bejaht ohne nähere Begründung LG Heidelberg vom 23. 12. 2004, 11 O 32/04 KfH; dafür mit dem „gleichen Prüfungsmaßstab" wie im Arbeitsrecht Schuhmacher-Mohr, „Das Abmahnerfordernis im Fall der außerordentlichen Kündigung von Organmitgliedern", in: DB 2002, 1607; abgestuft für ein Abmahnerfordernis Schneider,„Abmahnung des Geschäftsführers vor Kündigung des Anstellungsvertrags aus wichtigem Grund?", in: :GmbHR 2003, 3; gegen ein Abmahnerfordernis auch nach 2002 Palandt-Putzo, BGB 64. Auflage, 2005, § 626, Rz. 18; Trappehl/ Scheuer, „Abmahnung jetzt auch bei Vorständen und Geschäftsführern Kündigungsvoraussetzung?, in: DB 2005, 1279; Ehlers, Urteilsanmerkung zu BGH vom 10.9.2001, II ZR 14/00, in: NJ 2003, 203

Dauerschuldverhältnisse während ihrer Laufzeit bei Vorliegen entsprechender Kündigungsgründe außerordentlich gekündigt werden konnten. Dies galt selbst dann, wenn ein außerordentliches Kündigungsrecht weder gesetzlich oder vertraglich vorgesehen war, aber dem Kündigenden ein weiteres Festhalten an dem Vertrag nicht mehr zugemutet werden konnte[2]. Dies wurde etwa auch für langfristige Lieferverträge festgestellt[3]. Als Grundlage für ein derartiges Kündigungsrecht wurde vor 2002 eine analoge Anwendung des § 626 BGB herangezogen[4].

Für das hier interessierende Problem stellt sich die Frage, ob eine Abmahnung vor Aussprache einer außerordentlichen Kündigung für Dauerschuldverhältnisse generell erforderlich war. Auch in anderen Rechtsverhältnissen wurde bzw. wird die Setzung einer Nachrist, in der dem Schuldner noch einmal die Gelegenheit erhalten soll, innerhalb der Frist seine Leistungspflichten zu erfüllen, gesetzlich normiert, vgl. §§ 326 Abs. a. F., 634, 643, 651 c Abs. 2 BGB. Daher wurde auch unter dem Regime des alten Schuldrechts prinzipiell bei Pflichtverletzungen eine Abmahnung vor dem Ausspruch einer außerordentlichen Kündigung für alle Dauerschuldverhältnissen für erforderlich gehalten[5], um für alle Vertragsseiten Klarheit darüber zu verschaffen, ob die für eine langfristige Vertragsbeziehung

---

[2] So bereits v. Gierke, „Dauernde Schuldverhältnisse", in: JherJb 64 (1914), S. 391; Fikentscher, Schuldrecht, 9. Aufl., 1997, Rz. 36; Larenz, Lehrbuch des Schuldrecht I, 14. Aufl., 1997, S. 33
[3] BGH BB 1953, 339; BGH WM 1975, 850; BGH MDR 1976, 834; BGH NJW 1999, 276; BGH NJW 2001,, 2331; Oetker, Das Dauerschuldverhältnis und seine Beendigung, 1994, S. 420 f.; Jickeli, Der langfristige Vertrag 1996, S. 312
[4] BGH NJW 1998, 2286; OLG Zweibrücken, OLG-Report 1998, 161; Larenz, S: 33; so bereits Alfred Hueck, Der Sukzessivlieferungsvertrag, 1918, S. 122
[5] BGH MDR 1976, 834; BGH BB 1981, 872; BGH NJW 1992, 497; Palandt-Heinrichs, BGB 60. Aufl., 2001, Vor § 241, Rz. 19; § 326 Rz. 15; so auch im Prinzip Schneider GmbHR 2003, 2

erforderliche Vertrauensgrundlage endgültig beseitigt ist. Erst nach einer erfolglosen Abmahnung galt der Kündigungsgegner als nicht mehr schutzwürdig[6]. Die Abmahnung hatte also für das gesamte Schuldrecht eine Hinweis-, Rüge- und Warnfunktion[7]. Denn der § 326 a. F. BGB, der auch als Grundlage für die Abmahnung nach altem Recht herangezogen wurde, sah die Ablehnungsandrohung konkret vor. Diese Grundsätze wurden auch für langfristige Verträge aufgestellt, die im kaufmännischen Rahmen Geschäftsbesorgungs- oder dienstvertragliche Elemente enthielten[8]. Die Abmahnung war in diesem Zusammenhang nur im Ausnahmefall entbehrlich[9], wenn sie keinen Erfolg versprach oder das Vertrauensverhältnis so schwerwiegend gestört ist, dass eine sofortige Beendigung des Vertrags erforderlich ist[10].

II. 2. Die Abmahnung im Arbeitsrecht

Über das allgemeine Schuldrecht hinaus dürfte das Arbeitsrecht der Hauptanwendungsfall für die Abmahnung sein. Es ist allgemein anerkannt, dass in der Regel im Arbeitsrecht vor einer außerordentlichen Kündigung eine vergebliche Abmahnung ausgesprochen werden muss. Der Arbeitgeber hat seine

---

[6] Jickeli, S. 317; Martinek/Semler, Handbuch des Vertriebsrechts, 1996, § 15, Rz. 57; dieses Erfordernis sollte durch AGB auch im kaufmännsichen Verkehr nicht abbedungen werden können, vgl. BGH NJW 1986, 842 mit Anm. von Löwe, EWiR 1986, 213
[7] v. Hase, „Fristlose Kündigung und Abmahnung nach neuem Recht", in: NJW 2002, 2280 m. w. N.
[8] Für den Handelsvertretervertrag vgl. BGH DB 1981, 987; OLG München NJW-RR 1995, 293; Koller/Roth/Morck, HGB, 5. Aufl.,2005, § 86 Rz. 2 zum dienstvertraglichen Charakter, § 89 a Rz. 4 zum Abmahnerfordernis; für den Vertragshändlervertrag vgl. Martinek/Semler a. a. O.
[9] BGHZ 44, 274
[10] Palandt-Heinrichs, 60. Aufl., Vor § 241, Rz. 19 m. w. N.

Beanstandungen dem Arbeitnehmer in hinreichender Weise zur Kenntnis zu bringen und dies mit dem Hinweis verbinden, dass im Wiederholungsfall der Inhalt oder der Bestand des Arbeitsverhältnisses gefährdet ist[11]. Damit erfüllt die Abmahnung die Funktion der Rüge, des Hinweises auf die einzuhaltenden Vertragspflichten und der Warnung für den evtl. Wiederholungsfall[12].

Begründet wurde das Erfordernis einer Abmahnung im Arbeitsrecht nicht mit dem Argument der sozialen Schutzbedürftigkeit[13], sondern mit dem bereits vorgestellten Rechtsgedanken des § 326 Abs. 1 BGB a. F., wonach vor einer einseitigen Beendigung eines andauernden Vertrags dem Schuldner noch einmal die Folgen seines vertragsverletzenden Verhaltens vor Augen geführt werden sollte[14]. Der Arbeitnehmer wurde damit angehalten, sich künftig wieder vertragskonform verhalten. Das Erfordernis einer Abmahnung wurde auch mit dem im gesamten Kündigungsschutzrecht geltenden Verhältnismäßigkeitsprinzip begründet[15]. Letztendlich stellten beide Begründungswege des Abmahnerfordernisses den Ausfluss des allgemein anerkannten Grundsatzes des „pacta sunt servanda"[16] dar: Vertragsparteien von Dauerschuldverhältnissen sollten sich selbst bei

---

[11] Vgl. BAG EzA § 611 BGB Abmahnung Nr. 31, 34; BAG EzA § 1 KSchG Verhaltensbedingte Kündigung Nr. 46; BAG EzA § 1 KSchG Personenbedingte Kündigung Nr. 14; Schneider, GmbHR 2003, 4; Schumacher-Mohr, DB 2002, 1606

[12] Palandt-Putzo,, Vor § 620, Rz. 41

[13] vgl. Goette, Urteilsanmerkung zu BGH vom 13. 7. 1998, II ZR 131/97, in: DStR 1998, 1400

[14] So bereits BAG DB 1967, 1550; BAG DB 1984, 2703; 1985, 340; BAG EzA § 1 KSchG Verhaltensbedingte Kündigung Nr. 11; Erman-Belling, BGB 10. Aufl., 2002, § 626 Rz. 46; Münchener Kommentar-Henssler zum BGB, Bd. 4, Teil 2, 4. Aufl.. 2005, § 626 Rz. 89; Oetker, 176; Pflaum „Die Abmahnung im Arbeitsrecht als Vorstufe zur Kündigung" 1992, S. 45 ff.

[15] BAG § 626 BGB n. F. Nr. 68, 171; BAG EzA § 1 KSchG Verhaltensbedingte Kündigung Nr. 37; BAG § 15 BBiG Nr. 13

[16] vgl. Palandt-Heinrichs, § 313 Rz. 2; Oetker, S. 248 ff.

Pflichtverstößen der anderen Seite nicht ohne weiteres von dem Vertrag lösen können. Dieser sollte vielmehr, wenn möglich, aufrechterhalten werden.

Dabei wurde für das Vorliegen eines wichtigen Grundes zwischen Pflichtverletzungen im Leistungsbereich (Schlechtleistung, aber auch Verletzung von Nebenpflichten)[17], im Vertrauensbereich (in dem es im das integre Verhalten des Arbeitnehmers geht, z. B. durch das Unterlassen von strafbaren Handlungen)[18], sowie im Betriebsbereich (Verhalten gegenüber Vorgesetzten und Kollegen)[19] unterschieden. Im Vertrauensbereich wurde früher bei Pflichtverletzungen wegen der erhöhten Anforderungen an den Arbeitnehmer eine vorherige Abmahnung für entbehrlich gehalten[20].

Diese Unterscheidung in Verstöße im Leistungs-, Betriebs- oder Vertrauensbereich war jedoch unscharf; eine genaue Abgrenzung ließ sich nicht vornehmen. Maßgeblich ist in all diesen Fällen, dass es sich um ein steuerbares Verhalten des Schuldners handelt, das hier betroffen ist und bewertet wird[21]. Dementsprechend hält die Rechtsprechung seither im Grundsatz vor jeder außerordentlichen Kündigung eine Abmahnung für erforderlich, wenn neben dem Verhaltensbezug auch die Wiederherstellung des Vertrauens in die

---

[17] BAG EzA § 1 KSchG Personenbedingte Kündigung Nr. 14 ; BAG EzA § 1 KSchG Verhaltensbedingte Kündigung Nr. 48
[18] BAG EzA § 1 KschG Verhaltensbedingte Kündigung Nr. 48
[19] BAG EzA § 102 BetrVG 1972 Nr. 71
[20] BAG EzA § 1 KSchG Verhaltensbedingte Kündigung Nr. 48
[21] BAB vom 27. 11. 2003, 2 AZR 692/02; Münchener-Kommentar-Hennssler, § 626 Rz. 90; Gotthardt, Rz. 205

weitere ordentliche Vertragserfüllung erwartet werden kann[22]. Auch für Beschäftigungsverhältnisse in Vertrauensbereichen hält das Arbeitsrecht bei verhaltensbedingten Vorwürfen daher eine Abmahnung prinzipiell für erforderlich[23].

Es gab und gibt auch im Arbeitsrecht Einzelfälle, in denen eine Abmahnung entbehrlich ist und sofort außerordentlich gekündigt werden kann. Dabei handelt es sich um so schwere Pflichtverletzungen, deren Rechtswidrigkeit dem Arbeitnehmer ohne weiteres erkennbar ist und bei denen offensichtlich nicht damit gerechnet werden kann, dass der Arbeitgeber sie hinnähme[24]. Eine Abmahnung ist entbehrlich, wenn der Arbeitnehmer trotz seiner Pflichtverletzung durch seine Uneinsichtigkeit und Hartnäckigkeit zeigt, dass er nicht willens ist, sich vertragskonform zu verhalten[25]. Letztendlich ist für das Arbeitsrecht festzuhalten, dass die Abmahnung vor der außerordentlichen Kündigung die Regel darstellt, wovon im Einzelfall Ausnahmen denkbar sind.

Als Zwischenergebnis ist festzustellen, dass die Abmahnung nicht nur als arbeitsrechtliche Besonderheit anzusehen ist, die aus einem sozialen Schutzgedanken heraus für die außerordentliche Kündigung

---

[22] BAG EzA § 626 BGB n. F. Nr. 168, 177; BAG EzA § 15 KSchG n. F. Nr. 47; BAG EzA § 15 BBiG Nr. 13; Schumacher-Mohr DB 2002, 1606

[23] BAG DB 1982, 1417; BAG NZA 1997, 1281; BAG EzA § 626 BGB Verdacht strafbarer Handlungen Nr. 8; Erman-Belling, § 626 Rz. 49; Schumacher-Mohr DB 2002, 1606

[24] BAG EzA § 15 KSchG n. F. Nr. 47; BAG EzA § 626 BGB n. F., Nr. 183, 192; Adam, Anmerkung zu BGH LM § 626 BGB Nr. 44

[25] BAG EzA § 611 BGB Abmahnung Nr. 31; BAG EzA § 626 BGB n. F. r. 168; arbeitsunfähig erkrankter Arbeitnehmer arbeitet bei einem anderen Arbeitgeber in der Nachschicht, BAG EzA § 626 BGB n. F., Nr. 148; vgl. auch Schumacher-Mohr DB 2002, 1606

von Arbeitnehmern von Bedeutung ist[26]. Es handelt sich bei der Abmahnung vielmehr um eine Ausprägung des für alle Dauerschuldverhältnisse des Schuldrechts geltenden allgemeinen Rechtsgedanken „pacta sunt servanda". Mit einer Abmahnung sollen langfristige Verträge auch im Falle von Vertragsstörungen die Chance erhalten, bis zum vorgesehenen Vertragsende aufrechterhalten zu werden.

II. 3. Die Abmahnung bei der Kündigung von Organen

Der Vertrag eines Geschäftsführers oder Vorstands über seine Anstellung bei dem von ihm vertretenen Unternehmen ist unstreitig ein Dienstvertrag im Sinne der §§ 611 ff. BGB[27], die ebenfalls zu den Dauerschuldverhältnissen gehören[28]. Der Anstellungsvertrag von Leitungsorganen gehört zu der Zwitterposition des Geschäftsführers, die einerseits auf der dienstvertraglichen Grundlage im Sinne der §§ 611 ff. BGB beruht, soweit sie seine Anstellung betrifft, andererseits auf dem jeweiligen Gesellschaftsrecht fusst, dass seine Organstellung beschreibt. Es ist unbestritten, dass beide Gesichtspunkte getrennt voneinander behandelt werden müssen[29].

---

[26] so aber ausdrücklich BGH GmbHR 2001, 1158
[27] BGHZ 79, 41; BGH GmbHR 1984, 234; Schneider GmbHR 2003, 2; zwar ist häufiger der Versuch unternommen worden, einen Fremdgeschäftsführer (teilweise) dem Arbeitsrecht zu unterstellen, ohne dasss sich dies bislang durchgesetzt hätte., vgl. hierzu Kitzinger, „Der GmbH-Geschäftsführer zwischen Arbeits- und Gesellschaftsrecht", 2001
[28]
[29] BGHZ 142, 143; K. Schmidt, Gesellschaftsrecht, 2002, 4. Aufl., S. 416; Schneider GmbHR 2003, 2

Dieses getrennte Schicksal beider Rechtspositionen wird auch deutlich bei deren Beendigung: So ist es z. B. jederzeit möglich, einen Geschäftsführer aus seiner Organstellung abzuberufen, § 38 Abs. 1 GmbHG[30]. Dies bedeutet nicht zugleich die wirksame Beendigung des Anstellungsverhältnisses[31], vgl. § 38 Abs. 1, 2. HS GmbHG, ebenso § 84 Abs. 3, S. 5 AktG. Die gesellschaftsrechtliche Abberufung als Organ kann auch nicht in eine gleichzeitige Kündigung des Anstellungsverhältnisses umgedeutet werden[32]. Demzufolge ist für die gesellschaftsrechtliche Abberufung als Geschäftsführer weder die Angabe von Gründen noch eine Abmahnung erforderlich[33]. Als Zwischenergebnis ist also die strenge Trennung der gesellschaftsrechtlichen Abberufung des Organs „Geschäftsführer/Vorstand" von dem Schicksal des Anstellungsvertrags in Erinnerung zu rufen.

Das Gesetz behandelt Anstellungsverträge von Arbeitnehmern und Leitungsorganen insoweit unterschiedlich, als § 14 Abs. 1. Nr. 1 KSchG die Organe aus dem besonderen Kündigungsschutz für Arbeitnehmer herausnimmt. Für die fristlose Kündigung von Dienstverhältnissen von Organmitgliedern sind daher die allgemeinen Regeln des BGB, insbesondere des § 626 BGB einschlägig[34]. Für die

---

[30] Vgl. aber § 84 Abs. 3 AktG, der für den Widerruf der Bestellung eines Vorstands einen wichtigen Grund voraussetzt

[31] BGH GmbHR 1993, 216; BGH GmbHR 1995, 653; Scholz/Schneider GmbHG, 9. Aufl. 2000, § 38, Rz. 5 f.;

[32] Rowedder/Koppensteiner, GmbHG, 4. Aufl. 2002, § 38 Rz. 50

[33] Schneider GmbHR 2003, 2

[34] BGH NJW 1996, 1403; NJW-RR 1995, 669 f.; Mertens/Stein, Das Recht des Geschäftsführers der GmbH, 2. Aufl.,1997, § 38, Rz. 64; an dieser Gesetzeslage kommt auch nicht die Meinung vorbei, die die Anwendung der zwingenden zwei-Wochen-Frist die Anwendung des § 626 Abs. 2 BGB hier für unpraktikalbel halten, vgl. Baumbach-Hueck-Zöllner, GmbHG, 17. Aufl. 2000, § 35 Rz. 118; Lutter/Hommelhoff, GmbHG, 16. Aufl. 2004, Anh zu § 6, Rz 57, 59.

fristlose Kündigung von Leitungsorganen ist dabei die Abmahnung seit jeher von der überwiegenden Meinung für entbehrlich gehalten worden[35]. Zur Begründung wurden verschiedene Wege aufgezeigt:

Zum einen sei in § 626 BGB explizit eine Abmahnung nicht als Voraussetzung einer außerordentlichen Kündigung genannt[36]. Zum anderen entfiele im Gegensatz zum Abmahnerfordernis gegenüber Arbeitnehmern bei Organen die besondere Schutzbedürftigkeit eines Geschäftsführers[37]. Organe hätten die für eine Abmahnung typische Warn- und Hinweisfunktion nicht nötig, da diese sich über die Tragweite evtl. Pflichtverletzungen von vorneherein im Klaren seien[38]. Auch die Bedeutung des hier besonders erforderlichen, aber durch Pflichtverstöße zerstörten Vertrauensverhältnisses zwischen Gesellschafter und Organ wird zur Begründung herangezogen[39]. Lediglich in der Literatur wird eine Ausnahme, dass eine Abmahnung im Einzelfall doch denkbar sei, in Betracht gezogen[40], was aber im Ergebnis dazu führt, dass sie doch im Regelfall für entbehrlich gehalten wird. Daraus folgt, dass für Anstellungsverträge von Organen im Unterschied zum Arbeitsrecht, aber auch im Unterschied zu allen anderen Dauerschuldverhältnissen, von der h. M. vor 2003 regelmäßig keine Abmahnung vor einer außerordentlichen Kündigung für erforderlich gehalten wird.

---

[35] BGH GmbHR 2000, 481; BGH GmbHR 2001 1158; OLG München BB 1994, 735 f.; Jula, S. 151; zumindest für leichtere Verstöße zweifelnd Mertens/Stein § 38 Rz. 59;
[36] BGH vGmbHR 2001, 1158; Goette DStR 1998, 1401; Trappehl/Scheuer DB 2005, 1276
[37] BGH GmbHR 2001, 1158
[38] BGH GmbHStpr. 2000, 246; BGH GmbHR 2001, 1158
[39] vgl. Schumacher-Mohr DB 2002, 1607
[40] Goette, Urteilsanmerkung zu BGH 14. 2. 2000, II ZR 218/98, DStR 2000, 697

Wie oben bereits dargelegt, entspringt das Abmahnerfordernis jedoch nicht, wie für das Arbeitsrecht behauptet, einem Prinzip des sozialen Schutzbedürfnisses für Arbeitnehmer, sondern einem generellen Grundsatz des allgemeinen Schuldrechts, das sich bereits vor der Schuldrechtsreform allgemein durchgesetzt hatte. Das erkennt auch § 84 Abs. 3 S. 5 AktG für den Vorstand einer AG an, der ausdrücklich für den Anstellungsvertrag auf die allgemeinen Vorschriften verweist[41]. Daher ist die Rechtsprechung, die sich darauf beruft, dieses Schutzes bedürfe ein Leitungsorgan nicht, in dieser Argumentation nicht schlüssig. Denn es fehlt eine Begründung, warum das allgemein anerkannte Prinzip des „pacta sunt servanda" in diesen Fällen der Anstellungsverträge von Leitungsorganen grundsätzlich entbehrlich sein soll.

Auch der Hinweis auf das gestörte Vertrauensverhältnis zwischen Gesellschafter und Organ in Fällen von Pflichtverletzungen ist allenfalls geeignet, im Einzelfall eine Abmahnung entbehrlich zu machen, wie es auch im allgemeinen Schuldrecht für Dauerschuldverhältnisse vor 2002 Ausnahmen von dem Abmahnerfordernis gab. Die vom BGH betonten Aufgaben eines Leitungsorgans nicht nur in seiner Arbeitgeberfunktion, sondern als verantwortungsvoller Unternehmensleiter schlechthin, der nicht gesondert auf seinen Pflichtenkreis aus Gesetz und Satzung aufmerksam gemacht werden muss, ist ersichtlich nicht geeignet, das Anstellungsverhältnis eines Organs in diesem Punkt generell anders

---

[41] Hüffer AktG, 6. Aufl. 2004, § 84 Rz. 38; § 38 Abs. 1 GmbHG verweist zwar nur auf die „bestehenden Verträge", es kann an der Geltung des allgemeinen Schuldrechts auch für diese Verträge kein Zweifel bestehen, denn der Bezug zum Gesellschaftsrecht findet sich in § 38 Abs. 2 GmbHG

als andere Dauerschuldverhältnisse zu behandeln. Denn zum einen ist jeder Vertragspartner von Dauerschuldverhältnissen an seine Verpflichtungen gebunden, ohne dass er gesondert darauf aufmerksam gemacht werden müsste. Das gilt auch für Dauerschuldverhältnisse im unternehmerischen Bereich, etwa bei Franchise-, Vertragshändler-, Kommissions- oder Leasingverträgen. Im kaufmännischen Bereich haben auch diese Vertragspartner von langfristigen Verträgen die kaufmännische Sorgfalt zu beachten, § 347 Abs. 1 HGB oder § 384 Abs. 1 HGB für den Kommissionär. Der Sache nach sind diese Sorgfaltsmaßstäbe im Sinne des § 276 Abs. 1 BGB als die Sorgfalt eines ordentlichen Kaufmanns (§ 347 Abs. 1 HGB) bzw. eines ordentlichen und gewissenhaften Geschäftsmannes (§ 43 Abs. 1 GmbHG bzw. § 93 Abs. 1 AktG)[42] durchaus vergleichbar. Wenn sie aber vergleichbar sind, dürften auch im Falle von Vertragsverstößen hinsichtlich des Abmahnerfordernisses bei all diesen Vertragstypen von den prinzipiell gleichen Anforderungen auszugehen sein[43]. Damit kann aber ein Pflichtenverstoß für sich in keinem dieser Vertragsverhältnisse zu einem sofort zerstörten Vertrauensverhältnis und damit zu einer Entbehrlichkeit der Abmahnung führen.

Außerdem steht der Gesellschaft das gesellschaftsrechtliche Instrument der Abberufung zur Verfügung, wenn die Gesellschafter einem Geschäftsführer wegen eines Entzugs des Vertrauens nicht mehr an der Spitze eines Unternehmens halten wollen. Damit kann

---

[42] Insofern bilden das GmbHG und AktG den gleichen Sorgfaltsmaßstab, Baumbach/Hueck/Zöllner, § 43 Rz. 7
[43] so wohl auch Baumbach/Duden/Hopt, HGB 31. Aufl., 2003, § 347, Rz. 4

ein unliebsamer GmbH-Geschäftsführer von heute auf morgen von seiner Leitungsfunktion der von ihm geführten Gesellschaft entbunden werden. Das gilt im übrigen einerlei, ob der Geschäftsführer zuvor einen Pflichtenverstoß begangen hat oder z. B. einfach nur die wirtschaftlichen Erwartungen der Gesellschafter nicht erfüllt.

Hinzu kommt, dass auch der Geschäftsführer seinerseits ja auch auf die Laufzeit seines Vertrages vertrauen darf. Wenn ihm ohne weiteres außerordentlich gekündigt werden dürfte, könnten seine Rechte auf diese Weise umgangen werden[44]. Insbesondere das Argument des gestörten Vertrauensverhältnisses ist häufig nicht mehr als die einseitige Behauptung der oder eines Gesellschafters, das Vertrauen sei gestört. Tatsächlich liegt der wahre Grund oft in der Unzufriedenheit mit Einzelleistungen des Organs oder dem ausbleibenden wirtschaftlichen Erfolg des Unternehmens. Bei der Beurteilung, ob ein Vertrauensverhältnis unwiderruflich gestört ist, kommt es eben auch auf die Gründe an, die zum Vertrauensentzug geführt haben[45]. Insofern ist das Leitungsorgan in seiner Organstellung zwar wegen der jederzeitigen Abberufung nicht schutzbedürftig; wegen seines Anstellungsvertrages kann man ihm seine ohnehin nur beschränkten Verteidigungsmöglichkeiten des allgemeinen Schuldrechts nicht von vorne herein mit dem Hinweis auf gesteigerte Anforderungen an ihn nicht beschneiden.

---

[44] Adam Anm. zu BGH LM § 626 Nr. 44
[45] Hoffmann/Liebs, „Der GmbH-Geschäftsführer", 1995, Rz. 267.1.

Die Auffassung des BGH, ein Pflichtenverstoß zöge direkt ein irreparables Vertrauensverhältnis nach sich, hätte zur Folge, dass mit dieser Begründung im Ergebnis die Trennung zwischen Gesellschaftsrecht und Dienstrecht aufgehoben würde und die Gründe für eine Abberufung praktisch automatisch auf den Anstellungsvertrag durchschlügen. Im Ergebnis ist es daher zweifelhaft, ob bereits vor der Schuldrechtsreform regelmäßig auf eine Abmahnung bei einer Pflichtverletzung eines Leitungsorgans verzichtet werden konnte.

III. Rechtslage nach 2002

In dieser Situation hat sich seit 2002 eine streitige Diskussion darüber entwickelt, ob diese Grundsätze der h. M. zu der außerordentlichen Kündigung von Leitungsorganen auch nach der Einführung des neuen § 314 Abs. 2 BGB weiter gelten können[46]. In der amtlichen Begründung heißt es dazu, dass mit der Schuldrechtsreform die Grundsätze zu Dauerschuldverhältnissen nicht grundlegend geändert, sondern deren bis dahin entwickelten allgemeinen Grundsätze in das neue BGB übernommen werden sollten. Die Neufassung gälte dabei für alle Dauerschuldverhältnisse[47].

Hierzu soll zunächst ein Blick auf die Auswirkung der Schuldrechtsreform auf das Recht der Dauerschuldverhältnisse und

---

[46] s. o., Fußnote 1
[47] BT-Drucksache Nr. 14/6040, S. 174 f., mit einer allerdings nicht abschließenden Aufzählung von gesetzlich normierten, aber auch atypischen Vertragsverhältnissen, für die der neue § 314 BGB gelten solle.

des Arbeitsrechts geworfen werden, bevor eventuelle Konsequenzen für die Anstellungsverträge von Organen untersucht werden.

III. 1. Auswirkungen auf das allgemeine Zivilrecht und das Arbeitsrecht

§ 314 BGB dokumentiert letztlich die allgemeinen Grundsätze, dass jedes Dauerschuldverhältnisse aus wichtigem Grund außerordentlich gekündigt werden kann, zuvor aber in der Regel eine Abmahnung bzw. Fristsetzung erfolgen soll. Denn die Vorschrift sollte nicht nur für Verträge über den Warenaustausch, sondern für alle Dauerschuldverhältnisse anzuwenden sein[48]. Auch für alle anderen langfristigen Vertragstypen ist somit eine Abmahnung obligatorisch, auch wenn sie Kaufleute betreffen, die Vertragspflichten sich an kaufmännischen Sorgfaltsmaßstäben zu messen haben und die spezialgesetzliche Grundlage eine Abmahnung nicht vorsehen. .

Für das Arbeitsrecht stellt die Einführung des neuen § 314 BGB lediglich klar, dass die Abmahnung kein arbeitsrechtliches Spezialinstrument war und erst recht nicht ist. Zwar ist § 626 BGB eine lex specialis gegenüber dem § 314 BGB[49], allerdings nicht in der Weise, dass § 626 BGB die Anwendung des § 314 BGB komplett ausschlösse. Das Verhältnis der generellen zur speziellen Norm kann insbesondere nicht den § 314 Abs. 2 BGB betreffen, da § 626 BGB

[48] Gotthardt, Arbeitsrecht nach der Schuldrechtsreform, 2002, Rz. 201
[49] vgl. Regierungsentwurf BT-Drucksache 14/6040, S. 176; Gotthardt, Rz. 201; Schumacher-Mohr DB 2002, 1607; Schneider GmbHR 2003, 3

zum Abmahnerfordernis nichts aussagt. § 314 Abs. 2 BGB schafft nun eine allgemeine Basis für das Abmahnerfordernis auch im Bereich der arbeitsrechtlichen außerordentlichen Kündigung[50]. Die im Arbeitsrecht ursprünglich vorgenommene Trennung von Pflichtverletzungen im Leistungs-, Vertrauens- oder Betriebsbereich findet im § 314 Abs. 2 BGB keine Grundlage[51], so dass die Schuldrechtsreform die später aufgegebene Trennung dieser Bereiche letztlich bestätigt.

III. 2. Auswirkungen für das Dienstrecht der Organe

Sollte der neue § 314 BGB nicht lediglich den alten Rechtszustand und damit die Entbehrlichkeit der Abmahnung bei außerordentlichen Kündigungen von Organen lediglich dokumentieren?[52]

Auch nach der Einführung des neuen § 314 Abs. 2 BGB wird eine Abmahnung eines Organmitglieds wegen der an sie zustellenden „hohen Anforderungen" weiter für entbehrlich gehalten[53]. Zwar erkennt diese Ansicht § 626 Abs. 1 BGB als speziellere Regelung für Dienstverträge gegenüber dem § 314 Abs. 1 BGB an[54]. Ebenso wird im Grundsatz akzeptiert, dass § 314 Abs. 2 BGB als eine Regelung des Allgemeinen Schuldrechts für alle Dauerschuldverhältnisse und

---

[50] Gotthardt, Rz. 204, 201
[51] Gotthardt, Rz. 205
[52] Trappehl/Scheuer DB 2005, 1278
[53] Münchener Kommentar-Henssler § 626 Rz. 101; Jula, „Der GmbH-Geschäftsführer im Arbeits- und Sozialversicherungsrecht" 2003, S. 151; Ehlers, Urteilsanmerkung zum BGH vom 14. 2. 2001, NJ 2002, 203; Trappehl/Scheuer DB 2005, 1279
[54] Schumacher-Mohr, DB 2002, 1607; Schneider GmbHR 2003, 3; Trappehl/Scheuer DB 2005, 1277

damit auch für die Dienstverträge gilt[55]. Damit wäre die Abmahnung heute in der Regel auch gesetzliche Voraussetzung für die außerordentliche Kündigung von Dienstverhältnissen[56]. Damit müsste auch diese Ansicht bei Anstellungsverträgen von Organen zu der Auffassung gelangen, vor einer außerordentlichen Kündigung gemäß § 314 Abs. 2 BGB in der Regel eine Abmahnung für erforderlich zu halten.

Dennoch wird die Argumentation, die Abmahnung sei lediglich im Hinblick auf die besondere Schutzbedürftigkeit des Arbeitnehmers entwickelt worden[57], die für Geschäftsführer auch heute entbehrlich sei, aufrechterhalten. Sie kann jedoch so nicht akzeptiert werden, weil sie die Betrachtung auf die Unterschiede zwischen den Anstellungsverträgen von Arbeitnehmern und Organen beschränkt. Zu beachten sind hier allerdings eben auch die Grundsätze des allgemeinen Schuldrechts. Denn wie bereits dargelegt, ist das Erfordernis einer Abmahnung bzw. Fristsetzung auch vor 2002 für alle Dauerschuldverhältnisse aus dem Grundsatz des „pacta sunt servanda" abgeleitet worden. Die Schutzbedürftigkeit von Arbeitnehmern ist allenfalls eine besondere Ausprägung, aber nicht die Begründung für das Erfordernis einer Abmahnung.

Des weiteren wird auch heute die Ansicht weiter vertreten, dass eine Abmahnung bei Organen nach wie vor deswegen entbehrlich sei, weil es sich bei Verstößen gegen die Pflichten eines

---

[55] Palandt-Heinrichs, § 314 Rz. 2; Schneider GmbHR 2003, 5
[56] Schneider GmbHR 2003, 3; Trappehl/Scheuer DB 2005, 1277
[57] BGH GmbHR 2000, 431; Trappehl/Scheuer DB 2005, 1276 f.

Geschäftsführers um Verstöße gegen gesetzliche Verpflichtungen von Organen aus dem Aktien- oder GmbH-Gesetz, bzw. aus der Satzung handelt. Diese Obligationen stellten auch dann keine vertraglichen Verpflichtungen dar, wenn der Anstellungsvertrag selbst die Beachtung von gesellschaftsrechtlichen oder Satzungsbestimmungen statuiert[58]. Eine Abmahnung sei dem Wortlaut des § 314 Abs. 2 BGB aber nur dann erforderlich, wenn *vertragliche* Pflichtverstöße vorlägen. Bei Verletzungen des Gesetzes bzw. der Satzung wäre eine Abmahnung mangels Vertragsbezug entbehrlich.

Das kann nicht überzeugen. Sicher ist z. B. die Pflicht des Geschäftsführers zur richtigen Buchführung und Bilanzierung, §§ 41 ff. GmbHG, § 91 AktG, oder zur Berichterstattung, § 90 AktG, jeweils eine objektive, dem Gesetz und meistens auch der Satzung entspringende Verpflichtung des Geschäftsführers. Daneben gehört diese Verpflichtung aber eben auch zum vertraglichen Tätigkeitsprofil eines Geschäftsführers, d. h. diese Tätigkeit schuldet er der Gesellschaft natürlich auch auf Grund seines Anstellungsverhältnisses. Ein Verstoß dagegen stellt evident auch einen vertraglichen Pflichtenverstoß im Sinne des § 314 Abs. 2 BGB dar. Eine Abmahnung ist daher nur in den Fällen grober oder vorsätzlich begangenen Pflichtverletzungen im Rahmen des § 323 Abs.2 BGB entbehrlich.

---

[58] Trappehl/Scheuer DB 2005, 1278

Ein anderer Begründungsweg der h. M. liegt darin, die Grundsätze, die die Rechtsprechung vor 2002 für die außerordentliche Kündigung von Organen und damit zur Entbehrlichkeit der Abmahnung aufgestellt hat, automatisch als „besondere Umstände" im Sinne des § 323 Abs. 2 Nr. 3 BGB anzusehen. D. h., der Umstand, dass ein Geschäftsführer sich seiner Pflichterfüllung besonders bewusst sein soll, ist bereits für sich ein solcher „besonderer Umstand" im Sinne des § 323 Abs. 2 Nr. 3 BGB anzusehen. Denn die Hinweis- und Warnfunktion einer Abmahnung wie im Arbeitsrecht sei bei Organen entbehrlich[59].

§ 314 Abs. 2 S. 2 BGB nimmt auf § 323 Abs. 2 BGB Bezug, wonach ausnahmsweise von einer Abmahnung abgesehen werden kann, wenn die Vertragserfüllung endgültig verweigert wird oder besondere Umstände vorliegen, die unter Abwägung beiderseitigen Interessen eine sofortige außerordentliche Kündigung rechtfertigen. Es handelt sich also um eine (eng) auszulegende Ausnahme von dem Grundsatz, bei Pflichtverletzungen zunächst abzumahnen. Dieser Grundsatz würde auf den Kopf gestellt, wollte man die von Organen zu beachtende Pflichten auf diesem Weg automatisch zu „besonderen Umständen" erheben. Die Beachtung von Gesetzes-, Satzungs- und Vertragspflichten eines Organs stellen für ihn die normalerweise zu beachtenden Vertragspflichten dar, genau wie die Beachtung von Pflichten für jedes andere langfristige Vertragsverhältnis ebenfalls zu den normalen Umständen gehören.

---

[59] Trappehl/Scheuer DB 2005, 1279, die allerdings auch einräumen, dass ausnahmsweise, aber eben nur ausnahmsweise eine Abmahnung denkbar sein kann.

Derartige normale Umstände können aber nicht automatisch zu „besonderen Umständen" erhoben werden, um für diesen Vertragstyp des Organ-Anstellungsvertrags das Regel-Ausnahme-Schema des § 314 Abs. 2 BGB außer Kraft zu setzen.

Selbstverständlich ist zu berücksichtigen, dass ein Leitungsorgan einer Gesellschaft bei der Beachtung von Sorgfaltspflichten einen strengeren Maßstab akzeptieren muss als ein Arbeitnehmer[60]. Das ergibt sich schon aus § 43 Abs. 1 GmbHG, § 93 Abs. 1 AktG. Das kann jedoch nicht bedeuten, dass damit eine Abmahnung bei einer Pflichtverletzung als Regel „per se" entbehrlich sei. Letztlich ist die Frage der Entbehrlichkeit einer Abmahnung auch in diesem Zusammenhang immer eine Prüfung, des § 323 Abs. 2 BGB, ob im Einzelfall eine Ausnahme von der Regel des Abmahnung gerechtfertigt ist.

Auch die Gegenprobe bestätigt dieses Ergebnis: Wenn sich die Gesellschaft ohne Abmahnung von Leitungsorganen trennen kann, in dem sie außerordentlich kündigt, müsste dann nicht umgekehrt auch der Geschäftsführer oder der Vorstand in der Lage sein, bei Verstößen von Gesellschaftern gegen das Gesetz, Satzung oder Verträge sofort außerordentlich zu kündigen, ohne abmahnen zu müssen[61]? Auch hier wird man in der Regel von dem Organ zunächst eine an die Gesellschaft gerichtete Abmahnung erwarten können.

---

[60] Schumacher-Mohr DB 2002, 1608
[61] Lutter/Hommelhoff verweist hierzu nur pauschal auf § 626 BGB, Anh. Zu § 6 Rz. 58; Rowedder/Koppensteiner § 38 Rz. 51

Teilweise wird das Abmahnerfordernis nuanciert befürwortet und eine gestufte Vorgehensweise vorgeschlagen, in dem für leichtere und mittlere Pflichtverletzungen immer zunächst nur eine Abmahnung möglich sein soll und bei groben Pflichtverletzungen eine außerordentliche Kündigung sofort möglich ist[62]. Die dabei angebotene Orientierungshilfe[63] gibt jedoch auch keine verlässliche Hilfe, wann die Grenze zur groben Pflichtverletzung und damit zur Möglichkeit der sofortigen außerordentlichen Kündigung überschritten ist. Insofern ist für die Beurteilung, ob eine Abmahnung entbehrlich ist, allein auf den Einzelfall abzustellen, ob dieser die Voraussetzungen des § 323 Abs. 2 BGB erfüllt[64].

III. 3 Fazit

§ 314 Abs. 2 BGB ist ein in Gesetzesform gegossener allgemeiner Grundsatz, dass bei langfristigen Verträgen vor einer außerordentlichen Kündigung bei Vertragsverstößen regelmäßig eine Abmahnung erforderlich ist. § 314 Abs. 2 BGB steht damit in der Tradition des umfassenden Rechtsprinzips „pacta sunt servanda".

Die Regel lautet daher auch bei Anstellungsverträgen mit Leitungsorganen von Gesellschaften: bei Pflichtverletzungen keine außerordentliche Kündigung ohne Abmahnung, d. h. vor einer

---

[62] Schneider GmbHR 2003, 5 f.
[63] „Einmal ist keinmal, zweimal ist einmal zuviel"
[64] Schumacher/Mohr DB 2002, 1608; v. Hase, NJW 2002, 2281

Kündigung ist regelmäßig das Erfordernis einer Abmahnung zu prüfen.